W0463006

# Schöneberg in historischen Postkarten

herausgegeben von
Veronika Liebau und Petra Zwaka,
Schöneberg Museum, Berlin

Jaron Verlag

Originalausgabe
1. Auflage 1998
© 1998 Jaron Verlag GmbH, Berlin
Alle Rechte vorbehalten. Jede Verwertung des Werkes und aller seiner Teile ist nur mit Zustimmung des Verlages erlaubt. Dies gilt insbesondere für Vervielfältigungen, Übersetzungen, Mikroverfilmungen und die Einspeicherung und Verarbeitung in elektronischen Medien
Umschlaggestaltung: Atelier Kattner, Berlin,
unter Verwendung einer Postkarte aus dem Archiv des Schöneberg Museums
Satz und Repro: LVD GmbH, Berlin
Druck und Bindung: Thomasdruck, Leipzig
Printed in Germany

ISBN 3-932202-31-7

# Inhalt

Zur Erinnerung an die Verleihung des Stadtrechts am 1. April 1898.
Gruss aus Schöneberg
St. Schöneberg.
1 April 98.
Liebe Helene.
Gruß aus der Stadt Schöneberg
S. & G. Saulsohn, Berlin C. 25.
No. 310

# *Grußwort*

Dieser Postkartenband erscheint zum 100jährigen Stadtjubiläum Schönebergs: Am 1. April 1898 wurde der aufstrebenden Gemeinde Schöneberg die Annahme der Städte-Ordnung gestattet. Damals gehörte sie noch zum Kreis Teltow, doch schon ein Jahr später errang sie ihre völlige Selbständigkeit. Um 1905 zählte Schöneberg zu den größten Städten Preußens. Ihre Bevölkerung hatte in nur dreißig Jahren explosionsartig zugenommen. Dieser kometenhafte Aufstieg wurde von einer eigenständigen, selbstbewußten Kommunalpolitik gesteuert, die erfolgreich den neuen Aufgaben der expandierenden Stadt gerecht wurde. So trieb man nicht nur den inneren Ausbau Schönebergs nach dem besten Standard der Zeit voran, sondern förderte auch die Entstehung einer Reihe gesundheitlicher, sozialer und bildungspolitischer Modelleinrichtungen. Diese galten über den Berliner Raum hinaus für Preußen und das Deutsche Reich als vorbildlich und wegweisend.

Mit dem »Gesetz zur Bildung der neuen Stadtgemeinde Berlin« vom 27. April 1920 endete die kurze, aber stürmische Phase kommunaler Selbständigkeit Schönebergs. Gemeinsam mit der Landgemeinde Friedenau wurde Schöneberg als 11. Verwaltungsbezirk nach Groß-Berlin eingegliedert und nahm von da an Teil an der gesamtstädtischen Entwicklung der Metropole.

Dieser Band vereinigt eine Auswahl der reizvollsten und historisch aussagekräftigsten Postkarten Schönebergs. Die meisten Ansichten stammen aus der Sammlung unseres Schöneberg Museums und sind zeitlich zwischen 1895 und 1920 anzusiedeln. Sie zeigen schmucke Hausfassaden und Plätze, Einrichtungen des städtischen Verkehrs wie die ursprünglich stadteigene U-Bahn, Rathäuser, Krankenhäuser, Geschäfte, Kaufhäuser, Theater, Schulen, Einrichtungen der Frauenbewegung, Gärten und Parks und vieles mehr.

Viele historische Orte sind inzwischen verschwunden, Straßenverläufe durch die Zerstörungen des Zweiten Weltkriegs gänzlich verändert. Oft versucht man, zweifelnd, ob es gelingt, in den Ansichten Anhaltspunkte für Bekanntes zu finden. Verblüffend ist die große Zahl von Ausflugslokalen, Vergnügungsetablissements und Veranstaltungsorten, die weit über die Grenzen Schönebergs hinaus bekannt waren.

Bis heute gilt der Bezirk als eine beliebte Wohngegend, nicht zuletzt wegen seines guten Nachbarschaftsklimas, seiner kulturellen Vielfalt und dem von Toleranz geprägten Nebeneinander unterschiedlicher Lebensauffassungen. Eine ausgeprägte Kneipenkultur und traditionelle Einkaufsorte wie zum Beispiel der Winterfeldtmarkt machen den Bezirk auch heute für »Nicht-Einheimische« attraktiv.

Mögen die Leserinnen und Leser dieses Buches nicht nur nostalgisch in die Geschichte zurückblicken, sondern die dargebotene Auswahl als Chance sehen, mehr über den Bezirk zu erfahren und aktuelle Planungen zur Stadtentwicklung bewußter wahrzunehmen.

Mein Dank gilt den beiden Herausgeberinnen Veronika Liebau und Petra Zwaka, die die ausgewählten Ansichten kenntnisreich kommentiert haben, und dem Verleger Dr. Norbert Jaron, durch dessen Initiative die Reihe »Berliner Bezirke in historischen Postkarten« entstanden ist.

*Dr. Elisabeth Ziemer*
*Bezirksbürgermeisterin von Berlin-Schöneberg*

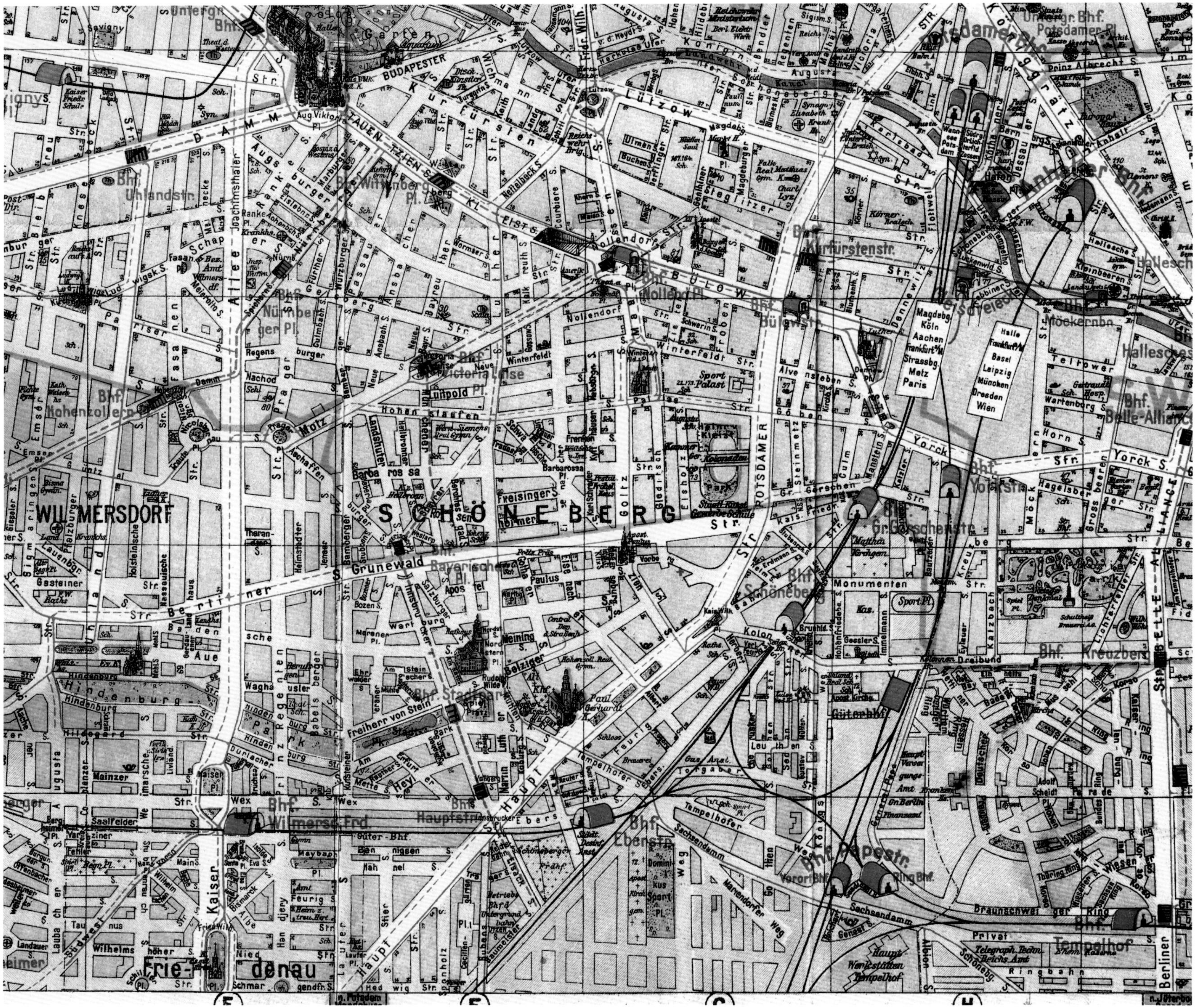

*Schöneberg Ende der zwanziger Jahre, Ausschnitt aus einem Pharus-Plan*

# Einleitung

»Das Alte stürzt, es ändert sich die Zeit …«, hieß es um die Jahrhundertwende in einer Schöneberger Lokalzeitung. Wie in nur wenigen anderen Gemeinden vor den Toren Berlins vollzog sich in Schöneberg ein Verstädterungsprozeß von unglaublichem Tempo. Als die Landgemeinde Schöneberg 1898 Stadt wurde, galt sie schon längst nicht mehr als Vorstadtkolonie. Das beschauliche Landidyll von Äckern und Wiesen, Bauernhäusern und Weißbiergärten war der modernen Architektur der Großstadt gewichen. Mit der Erschließung von neuem Bauland entstanden Wohnquartiere mit unterschiedlichem Charakter. Sie prägen bis heute das Stadtbild Schönebergs und das Leben seiner Bewohnerinnen und Bewohner. An den hier vorgestellten historischen Ansichten ist die Vielfalt städtischen und kulturellen Lebens in Schöneberg ablesbar. Sie dokumentieren das Repräsentationsbedürfnis der aufstrebenden Großstadt und rekonstruieren gleichzeitig die vielen Gesichter Schönebergs: die »besseren Wohnviertel« mit ihren Wohnstraßen und ausgedehnten Schmuckplätzen im Westen der damaligen Stadt, die tiefen Baublöcke und Mietskasernenfluchten im Schöneberger Norden, nicht weit davon die »Rote Insel« und das ehemalige Tempelhofer Feld mit seinem Übungsgelände für das Militär – und mittendrin die einstige Dorfaue an der Hauptstraße, umgeben von den Gründerzeitvillen der durch Bodenspekulation zu Reichtum gekommenen »Millionenbauern«.

Ein Teil des heutigen Schönebergs ist auch Friedenau, das damals allerdings noch selbständige Gemeinde war und erst 1920 mit Schöneberg vereinigt wurde. Bis heute wird Friedenau oft irrtümlich anderen Bezirken zugeschlagen – ein Grund mehr, dieses eher beschauliche Wohngebiet in Schöneberg an dieser Stelle ausführlich zu betrachten.

Vieles wurde nicht auf Ansichtskarten festgehalten, so daß einige der vielfältigen Facetten des Schönebergs der Jahrhundertwende hier nicht abgebildet werden können. So gibt es beispielsweise kaum Postkartenmotive, die die Arbeiterwohnquartiere oder die wenigen, aber doch über die Grenzen Schönebergs hinaus relevanten Industriestandorte wie den Gasometer oder die Schloßbrauerei darstellen.

Die Dokumentation der Lebens- und Arbeitssituation von Menschen war allerdings auch nie erklärtes Ziel der Postkartenhersteller. 1870 von der Post als »Correspondenzkarte« erstmalig in Umlauf gebracht, sollte sie vorrangig dem schnelleren Austausch dienen. Obwohl die Postkarte als »unsittlich« galt, da jeder sie lesen konnte, erfreute sie sich beim Publikum rasch großer Beliebtheit. Ab 1885 wurden die ersten Bildpostkarten verschickt, die zunächst noch rund um die Bildmotive mit Nachrichten beschrieben wurden, da die Rückseite für die Adresse reserviert war.

Das Schöneberg Museum ist im Besitz einer umfangreichen Postkartensammlung, über Jahrzehnte entstanden durch Spenden aus der Bevölkerung und gezielte Ankäufe. In jüngerer Zeit hat das Schöneberg Museum darüber hinaus eine systematische Geschichtsforschung betrieben, um die bereits erworbenen Kenntnisse über die Stadt- und Kulturgeschichte durch andere Perspektiven und neue inhaltliche Schwerpunkte auszubauen.

Nach wie vor aber freut sich das Museum, wenn es auf ungewöhnliche Postkartenansichten stößt. Hier teilt es die Leidenschaft und Akribie privater Sammler. Wir hoffen deshalb, daß dieses Buch nicht nur mit Lust und Interesse gelesen, sondern auch als Aufruf verstanden wird, den Bestand des Museums durch persönliche Schenkungen oder Leihgaben zu vervollständigen.

# Historische Mitte

An der ehemaligen Reichsstraße Nr. 1, dem einstigen Verbindungsweg zwischen Berlin und Potsdam (heute die B 1), liegt die alte Dorfaue. Hier befindet sich Schönebergs geographisches und historisches Zentrum. Um die Jahrhundertwende ist die ursprüngliche Dorfmitte an der Hauptstraße bereits ein Zierplatz mit Parkbänken zum Verweilen. Von hier aus fällt nordwestlich der Blick auf die friderizianische Dorfkirche von 1766 und die Villen der »Millionenbauern« – so werden einige der ältesten Bauernfamilien in Alt-Schöneberg genannt, die zur Gründerzeit durch Landverkäufe und Spekulationsgeschäfte zu erheblichem Reichtum kamen. Diese Bauern nennen sich jetzt Gutsbesitzer und wohnen in aufwendigen Wohnhäusern spätklassizistischen Stils. Die großen, parkähnlichen Gärten reichen bis zur Belziger Straße. Prunkvolle Mausoleen auf dem angrenzenden Kirchhof bekräftigen den neuen Reichtum. Die beschauliche Ära des Dorfes geht zu Ende. Im Jahr 1900 muß Schönebergs letzter Dorfkrug, der einstöckige »Gasthof zum Hirsch« Haupt-/Ecke Dominicusstraße, einem fünfstöckigen Neubau weichen. 1909 wird mit dem Abriß der prachtvollen Millionenvillen entlang der Hauptstraße begonnen. An ihrer Stelle werden Mietshäuser gebaut, teilweise mit einem tiefen Hintergelände, auf dem sich ein reges Gewerbeleben entwickelt. Wie ein Relikt aus vergangenen Zeiten wirkt das kleine Bauernhaus der alteingesessenen Familie Hewald Haupt-/Ecke Akazienstraße, das aus »Pietätsgründen« nicht abgerissen und deshalb im Volksmund als »Pietätsecke« bezeichnet wird. Mit dem Anwachsen der Bevölkerung wird für die Kirchengemeinde Alt-Schöneberg auch die alte Pfarrkirche zu klein. Der riesige Turm der 1910 errichteten Paul-Gerhard-Kirche, scherzhaft »Thermoskanne« genannt, ragt weit sichtbar über alle Gebäude empor.

# Städtisches Zentrum

Das städtische Zentrum der jungen Stadt Schöneberg liegt 1898 am Kaiser-Wilhelm-Platz. Der Platz ist mit einer gärtnerischen Schmuckanlage versehen, in deren Mitte sich das bronzene Standbild Kaiser-Wilhelms I. erhebt. Noch einige Jahre zuvor befand sich auf dem Dreieck eine Bauernwirtschaft mit zwanzig Kühen. Die Kosten für den neuen »Denkmal-Platz«, wie er auch genannt wird, werden von der aufblühenden städtischen Gemeinde in patriotischer Gesinnung durch freiwillige Sammlungen und Festveranstaltungen aufgebracht. Nach Süden erhebt sich das mit einer stattlichen Hauptfront versehene Rathaus, 1892 für die ständig anwachsende Verwaltung an der Stelle des alten Amtshauses errichtet.
Das erste Rathausgebäude Schönebergs übersteht den Zweiten Weltkrieg nicht, ebenso das Kaiser-Denkmal, das aufgrund des erhöhten Metallbedarfs im Laufe des Krieges eingeschmolzen wird.
In nordöstlicher Richtung führt um die Jahrhundertwende die Bahnstraße, die heutige Crellestraße, in einen neuen Stadtteil von Schöneberg. Um 1870 wird die abzweigende Kolonnenstraße noch als ein »bodenloser, morastiger Weg« bezeichnet, »auf dem es unmöglich sei, zu Fuß fortzukommen, wenn man nicht Gefahr laufen wolle, Schuhe und Stiefel zu verlieren«. Erst 1879 wird auf Druck der preußischen Regierung mit der Pflasterung begonnen. Um die Jahrhundertwende findet sich zwischen Hauptstraße und der Berlin-Potsdamer Bahnlinie die typische Verflechtung von Wohnen und Gewerbe, das heißt die Ansiedlung von kleineren Gewerbebetrieben auf dem Hintergelände einer Mietskaserne. Die immer dichtere Bebauung greift schließlich auf die benachbarte »Insel« über.

Bahnhof Schöneberg
BERLIN=SCHÖNEBERG
Bahnhof — Siegfried=Straße Ecke Kolonnen=Straße

Schöneberg
Bahnhof Siegfriedstrasse

Bahngleise auf allen Seiten trennen sie vom übrigen Schöneberg ab und geben ihr den Namen: die »Insel«. Die 1838 in Betrieb genommene Trasse der ersten Preußischen Eisenbahnlinie von Berlin nach Potsdam, die 1841 eröffnete Strecke Berlin–Anhalt und die 1871 bis 1877 erbaute Ringbahn umschließen die Insel als ein dreieckiges Gebiet, das schwer zugänglich und aufgrund von Lokomotivenrauch und Lärm als Wohngebiet zunächst wenig wert zu sein scheint.
Gebaut wird, als in den achtziger und neunziger Jahren mehrere Bahnhöfe rund um die Insel für einen guten Verkehrsanschluß sorgen. Der Umsteigebahnhof von der Ring- zur Wannseebahn an der Kolonnen-/Ecke Siegfriedstraße (heute Czeminskistraße) ist der wichtigste neben den Stationen Großgörschenstraße, Yorck- und General-Pape-Straße. Er wird 1947 nach den schweren Zerstörungen des Zweiten Weltkriegs abgerissen. Aber auch der Militärbahnhof kann von den Bewohnern der Insel mitbenutzt werden.
Das Militär gehört zu den ersten Ansiedlern auf der Insel. Die Nähe zum Truppenübungsplatz Tempelhofer Feld, die verkehrsgünstige Lage und große Freiflächen machen Schöneberg zu einem wichtigen Garnisonsstandort. Zu Beginn des Ersten Weltkriegs ist fast die Hälfte der Insel von Kasernen, Verwaltungsgebäuden und Übungsgeländen geprägt. Neben einem Kraftfahrbataillon und einer Luftschifferabteilung sind besonders die ab 1871 aufgestellten Eisenbahnregimenter von großer Bedeutung. Die »Schöneberger Engel« – so genannt wegen ihres Uniformemblems, ein geflügeltes Rad – bauen die Übungsstrecke Berlin–Zossen und springen überall dort ein, wo ihr Sachverstand gefragt ist, z. B. beim Abriß des Palmenhauses im alten Botanischen Garten, dem späteren Kleistpark.

Kriemhild-St.
Brunhild-St.
Schultheiss
Schultheiss
Schultheiss

Schöneberg
Colonnenstrasse
Wilhelm Hermann Lesser
WARENHAUS

Auf der Schöneberger Insel ist das Militär nicht nur in den Kasernen präsent, sondern auch im alltäglichen Leben der Bevölkerung. Regelmäßig ziehen Truppen durch die Kolonnenstraße, die daher ihren Namen erhält. Ziele sind der Militärbahnhof oder das Tempelhofer Feld. In vielen Häusern mieten die »Freiwilligen« Privatquartiere, und eine überdurchschnittlich hohe Zahl von Kneipen zeugt von der liebsten Freizeitbeschäftigung der Soldaten.

Kleine Läden, kleines Gewerbe auf dem Hof, Wohnungen von ein bis zwei Zimmern Größe sind typisch für die Insel. Dazu vereinzelt größere Industriebetriebe wie die Gasanstalt, die von einem englischen Konsortium 1871 in der Torgauer Straße errichtet wird. Wenn um die Jahrhundertwende auch größere Wohnungen gebaut werden und ein Schmuckplatz wie der Leuthener Platz angelegt wird, so machen Handwerker, kleine Angestellte, Beamte und Witwen doch den größeren Teil der ortsansässigen Bevölkerung aus. In keinem anderen Teil Schönebergs werden 1903 so wenig Steuern gezahlt und bei den Wahlen so viele Stimmen für die Sozialdemokraten abgegeben wie hier. Nach der Inflationszeit der zwanziger Jahre werden große Wohnungen geteilt, und die Insel entwickelt sich zu einem ausgesprochenen Arbeiterwohngebiet, in dem auch die KPD stark vertreten ist.

Hier auf der »Roten Insel« findet 1939 der SPD-Politiker Julius Leber Unterschlupf, um von seiner Kohlenhandlung in der Torgauer Straße aus für die Widerstandsbewegung des 20. Juli zu arbeiten. 1945 wird er in Plötzensee hingerichtet. Eine Brücke und eine Straße, die frühere Sedanstraße, erinnern heute an Julius Leber.

# Potsdamer Straße

Berliner Verkehr. Potsdamerstr. am Hochbahnhof Bülowstr.

Berlin An der Bülow-Straße

Am Potsdamer Platz beginnt die Potsdamer Straße, die als Hauptverkehrsader die Bezirke Schöneberg, Steglitz, Lichterfelde, Zehlendorf und Wannsee durchquert. Eine besondere Prägung hat die Straße im Viertel rund um den »Bülowbogen« erfahren. Unter dem Einfluß der nahen Reichshauptstadt beginnt hier um 1870 eine städtische Bebauung im Rahmen des »Hobrechtplans«, benannt nach dem Baustadtrat James Hobrecht, der einen Bebauungsplan für die Umgebung Berlins entwickelt hatte. Bereits 1861 muß Schöneberg deshalb sein nördliches Gemeindegebiet zwischen Großgörschenstraße und dem Landwehrkanal an Berlin abtreten. Zu dieser Zeit gilt das Wohngebiet entlang der Potsdamer Straße noch als Teil des Berliner Westens, der mit großen, vornehmen Wohnungen ausgestattet werden soll. Die fortschreitende Expansion der Metropole Berlin aber fördert die enge Hinterbauung der hochherrschaftlichen Vorderhäuser. In Seitenstraßen wie der Steinmetzstraße werden sechsgeschossige Mietskasernen mit Seitenflügeln und Quergebäuden hochgezogen. Hier wohnen hauptsächlich die Arbeiterfamilien.
Der Bau der Hochbahn und die zunehmende Verkehrsbelastung vertreiben am Ende des Jahrhunderts den Großteil der bürgerlichen Bevölkerung. So beginnen sich Sozialstruktur und Stadtbild entlang der Potsdamer und Bülowstraße allmählich zu verändern: Geschäftsleute ziehen in die großen Wohnungen, Cafés und Cabarets siedeln sich an.
Das ausgeprägte Vergnügungsleben und der Prostitutionsmarkt bringen schon um 1890 das Gebiet um den Bülowbogen als »dunkles« Viertel in Verruf. Absteigen und Animierkneipen bestimmen den Straßencharakter. Aber erst die von Arbeitslosigkeit und Armut geprägten Folgejahre des Ersten Weltkriegs geben dem Viertel die letzte anrüchige Note.

BERLIN-W. Steinmetzstr.

Berlin W.,
den ............

Gruss aus dem Holländischen Café und Likörstuben des Westens
von Otto Thomas. Potsdamerstr. 66. Tel. Amt IX, 9745.

# Am Nollendorfplatz

Auf dem Zug nach dem neuen Westen, der um die Jahrhundertwende verstärkt einsetzt, bildet die Gegend um den Nollendorfplatz daher die erste Station. Eine vornehme, ruhige Wohnadresse ist sie allerdings nur sehr kurze Zeit. 1902 entsteht im Zusammenhang mit der Eröffnung der neuen Hochbahnstrecke Warschauer Brücke–Zoologischer Garten ein pompöser Bahnhof. U-Bahn- und Straßenbahnlinien kreuzen sich hier und machen den zentralen Stadtplatz zu einem wichtigen Verkehrsknotenpunkt.
1901 wird der Grundstein zum Bau der Amerikanischen Kirche in der Motzstraße gelegt. Seit 1896 gibt es in Berlin eine amerikanische Gemeinde, die dem namhaften Architekten Otto March den Auftrag erteilt, ein Gotteshaus zu bauen. Dieses wird im Zweiten Weltkrieg stark beschädigt, 1958 abgerissen und in Dahlem neu gebaut.
1906 wird der Nollendorfplatz Standort für das »Neue Schauspielhaus«. Es entstehen Kinos, Cafés, Restaurants und als Fortsetzung des ausgeprägten Nachtlebens an der Potsdamer Straße jede Menge Bars. In der Motzstraße, im Volksmund »Bummelmotzstraße« genannt, lassen sich besonders viele Vergnügungsbetriebe finden. Das »Eldorado« – die »Sensation Berlins« – zählt in den zwanziger Jahren zu den bekanntesten Treffpunkten lesbischer Frauen und homosexueller Männer. Der Nollendorfplatz ist zu dieser Zeit ein Mittelpunkt des literarischen und künstlerischen Lebens. In den Cafés treffen sich Literaten wie Gottfried Benn und Alexander Döblin. Else Lasker-Schüler lebt im nahe gelegenen Hotel Koschel, dem heutigen Sachsenhof.

Die Sensation Berlins Eldorado, Motzstraße 15, B 4. 0548

# Neuer Westen

Als 1907 der Kommerzienrat Adolf Jandorf nach amerikanischem Vorbild am Wittenbergplatz ein monumentales Warenhaus gründet, ist die Tauentzienstraße eine noch überwiegend friedliche Wohnstraße im verkehrsarmen Vorort-Westen. Die 1902 fertiggestellte Untergrundbahn ist nur über einen unscheinbaren Zugang auf dem Platz erreichbar. Jalousiengeschmückte Läden für den Kleinverkauf und den Luxusbedarf im Erdgeschoß der Wohnhäuser sollen die Stadtflaneure anziehen. Jandorf hat nach seinem Studium moderner Verkaufstechniken in den USA bereits am Spittelmarkt, am Kottbusser Damm und am Halleschen Tor praktische Erfahrungen mit Bau und Betrieb von Warenhäusern sammeln können. Für das neue »Kaufhaus des Westens« müssen acht Mietshäuser abgerissen werden. Teilweise sind sie nicht älter als zwölf Jahre. Der von Emil Schaudt entworfene Bau avanciert schnell zum repräsentativen Kaufhaus Berlins, zur schärfsten Konkurrenz Wertheims am Leipziger Platz.
Das KaDeWe wird zum Zentrum des Geschäftslebens am Wittenbergplatz und zum Impuls für eine neue Cityentwicklung an der Tauentzienstraße. 1912 entsteht auf dem Wittenbergplatz ein neues imposantes Bahnhofsgebäude nach einem Entwurf von Alfred Grenander. Das alte Zentrum an der Berliner Friedrichstraße verliert zunehmend an Attraktivität. Ein Großteil der vornehmen Geschäfte und Betriebe wandert nach Westen ab. Die Tauentzienstraße und vor allem der moderne Prachtboulevard nach Pariser Vorbild, der Kurfürstendamm, werden zum neuen Zentrum.
1926 verkauft Jandorf das KaDeWe an den Warenhauskonzern Hermann Tietz. 1929/30 wird das Gebäude um zwei Etagen und zwei Dachgeschosse aufgestockt, in den dreißiger Jahren sind hier über 3000 Angestellte tätig.

# Am Winterfeldtplatz

Kaum ein Platz in Schöneberg ist stets so lebendig geblieben wie der Winterfeldtplatz. Der 1890 angelegte Stadtplatz wird von Schmuckanlagen und Bepflanzungen weitgehend freigehalten, lediglich umsäumt von einer schlichten Reihe von Straßenbäumen. Von Beginn an hat der Winterfeldtplatz die zentrale Bedeutung eines befestigten Marktplatzes. Hier steht auch das Ratswaagenhaus für Schöneberg. Kaufleute aus den ältesten Schöneberger Familien halten auf dem mehrmals in der Woche stattfindenden Markt ihre Waren feil.
Als langgezogener Blockplatz mit trapezförmiger Gestalt geplant, wird der Winterfeldtplatz 1895 zum Standort der katholischen St.-Matthias-Kirche, mit ihrem 93 Meter hohen Turm weithin als Landmarke sichtbar. Der stattliche Bau wird zum Mittelpunkt der gesamten katholischen Gemeinde Schönebergs. St. Matthias ist die vierte katholische Pfarrei in Berlin. Sie versorgt die südlichen und südwestlichen Vororte Berlins.
Der repräsentative Platz wird gleichzeitig die Schnittstelle zwischen den unterschiedlichen Bebauungsphasen und Stadtvierteln in Schöneberg. Folgt man um 1910 der Winterfeldtstraße in östlicher Richtung der Potsdamer Straße zu, bestimmen große Baublöcke mit engen Hinterhöfen und baumlose Nebenstraßen das Stadtbild. Dieser Teil von Schöneberg gehört seit 1861 zu Berlin. Hier erstrecken sich Arbeiterwohngebiete über die Zieten-, Froben-, Alvensleben- und Steinmetzstraße weiter nach Osten. Westwärts des Winterfeldtplatzes schmücken dagegen Stuck und Vorgärten die neuen Wohnhäuser. Richtungweisend ist hier der 1899 aufgestellte Bebauungsplan für das Westgelände der Stadt Schöneberg, dessen moderne städtebauliche Umsetzung steuerkräftige Mieter anziehen soll.

# Bayerisches Viertel

Um 1895 wetteifern Schöneberg, Charlottenburg und Wilmersdorf um die bauliche Entwicklung des Berliner Westens. Jede Gemeinde will sich so schnell wie möglich vergrößern und durch Bevölkerungszuwachs ihre Steuerkraft heben. Die junge Stadt Schöneberg überläßt die Erschließung seines eigenen westlichen Stadtgebietes der Berlinischen Bodengesellschaft, die 1890 von dem Unternehmer Salomon Haberland und seinem Sohn Georg gegründet wurde. Die Gesellschaft kauft die bis dahin noch landwirtschaftlich genutzten Flächen auf und übernimmt auf eigene Kosten die Bauerschließung. Gleichzeitig kontrolliert und koordiniert sie den Parzellenverkauf und die Bauausführung, um den üblichen Spekulationsgeschäften und dem Bauschwindel vorzubeugen, was zu dieser Zeit als revolutionäre Neuerung gilt.
So entsteht im Westen Schönebergs das Bayerische Viertel, ein zusammenhängendes Wohngebiet im »Alt-Nürnberger Stil« mit schmucken Wohnhäusern, schönen Platzanlagen und einer eigenen U-Bahnlinie, die den Verkehrsanschluß an die angrenzenden Stadtteile gewährleistet. Die Rechnung, durch das Angebot von herrschaftlichen und vornehmen Wohnungen bessergestellte Mieter anzuziehen, geht auf.
Als am 10. Juni 1900 der von dem renommierten Gartenarchitekten Fritz Encke entworfene Viktoria-Luise-Platz öffentlich eingeweiht wird, ist die Resonanz groß. Hunderte von Menschen pilgern nach dem neuen Stadtteil, um Zeuge der fortschreitenden Bebauung zu werden.
Auch die strenge axiale Gliederung des Bayerischen Platzes trägt die Handschrift Enckes. Ein zentrales Brunnenbecken, eine Pergola im nördlichen und Wasserspiele im südlichen Teil zieren den Platz. Der Schmuckplatz sowie das umliegende Viertel werden im Zweiten Weltkrieg verwüstet, so daß heute nur noch wenig von der ursprünglichen Anlage zu erkennen ist.

Berlin-Schöneberg. Bayerischer Platz.

Schöneberg Barbarossa-Platz

608. Schöneberg.
Münchener Strasse.
Werner - Siemens -
Realgymnasium.

Berlin W - Schöneberg
Bayerischer Platz

Im Bayerischen Viertel bildet sich bis 1933 ein Schwerpunkt bürgerlich-jüdischen Lebens heraus. Deshalb nennt der Volksmund dieses Wohngebiet die »Jüdische Schweiz«. Jüdische Prominente des Berliner Kulturlebens wie Albert Einstein, Egon Erwin Kisch, Billy Wilder, Kurt Pinthus und Alice Salomon leben und arbeiten hier ebenso wie Geschäftsleute, Ärzte und Anwälte.
Die Söhne der gebildeten Bürger des Bayerischen Viertels gehen auf das Werner-Siemens-Realgymnasium in der Münchener Straße, eine vom Geist der Reformpädagogik geprägte Schule. Der Anteil jüdischer Schüler ist hier besonders hoch. Auch Marcel Reich-Ranicki geht hier eine Zeitlang ebenso wie der spätere Zionistenführer Victor Chaim Arlosoroff zur Schule. Das Verhältnis zwischen jüdischen und nicht-jüdischen Schülern ist bis zum Machtantritt der Nationalsozialisten unkompliziert. 1935 wird die Schule geschlossen. Zu dieser Zeit ist die Ausgrenzung der Juden aus dem Alltagsleben auch im Bayerischen Viertel in vollem Gange. In der Folgezeit werden jüdische Geschäfte um den Bayerischen Platz »arisiert«, jüdische Hauseigentümer zwangsenteignet, jüdische Mieter aus ihren Wohnungen vertrieben und in sogenannte »Judenhäuser« eingewiesen. Die orthodoxe Synagoge in der Münchener Straße dient den Nationalsozialisten als Sammellager. Über 10 000 Juden werden aus dem Bayerischen Viertel vertrieben, davon 6000 in Konzentrationslagern ermordet.
Seit 1993 erinnert hier ein 80teiliges Denkmal von Renata Stih und Frieder Schnock an die systematische Ausgrenzung, Verfolgung und Vernichtung der Juden Schönebergs. 1996 wird die Nördlinger Straße wieder rückbenannt in Haberlandstraße. 1935 war der Name des Unternehmers Haberland von den Nationalsozialisten aus dem Straßenbild getilgt worden.

# Friedenau

Gruss aus
Friedenau
b. Berlin
H. Schmuckler. Photograph
Frida Boy

»Eine Stunde vom Mittelpunkt der Stadt entfernt, jetzt schon günstig an Eisenbahn und Chaussee im Westen von Berlin gelegen ... Beamten, Pensionierten, Lehrern, Künstlern, Literaten und allen denen, deren Einkommen nicht so rasch und in gleichem Maße als die Wohnungsmiete steigt, kann ich das Unternehmen auf das angelegentlichste empfehlen.« Mit diesen Worten wirbt 1871 in der Vossischen Zeitung der spätere Direktor einer Baugesellschaft, David Born, für die Villenkolonie Friedenau südwestlich der Berlin-Potsdam-Magdeburger Eisenbahn zwischen Schöneberg und Steglitz. Der Frieden, auf den sich der Name bezieht, ist der Frieden nach dem Sieg der deutschen Staaten über das französische Kaiserreich.

Das Bauterrain, ehemaliges Gelände des Rittergutes Deutsch-Wilmersdorf, ist 1865 in den Besitz des Hamburger Großkaufmanns Carstenn gekommen. Dem »Napoleon der Terrainspekulanten« gehören neben Wilmersdorf auch die Güter Giesendorf und Lichterfelde, die er durch die Anlage eines durchgehenden Straßenzuges, die Kaiserstraße (die heutige Bundesallee), miteinander verbinden und nach einem einheitlichen Bebauungsplan gestalten will.

In dieser neuen Landgemeinde sollen Familienhäuser entstehen, keine Proletarierwohnungen, keine Fabriken. 1874 wohnen in Friedenau b. Berlin bereits weit über 1000 Menschen in den neuen Siedlungshäusern. Während der gesamten Gründerjahre bleibt der Zuschnitt Friedenaus der einer mittelständischen Landhauskolonie.

Als die Berliner Bauordnung 1887 auf die ländlichen Vororte ausgedehnt wird und damit den Bau fünfgeschossiger Häuser und geschlossener Höfe zuläßt, werden viele der Friedenauer Villen abgerissen. Nur wenige können dem Bau der profitableren Mietshäuser trotzen.

Gruss aus Friedenau bei Berlin.
Kaiser-Eiche

Friedenau
Wielandstrasse, Ecke Hedwigstrasse

Als Kurt Tucholsky 1919 die Zeilen dichtet: »Ich zum Beispiel mit meiner Frau/wohne weit draußen in Friedenau ...«, ist die immer noch selbständige Landgemeinde Friedenau fast vollständig bebaut. Die Bevölkerungsstruktur zeigt sich weiterhin überwiegend mittelständisch. Der Stadtflaneur Franz Hessel beschreibt sie in den zwanziger Jahren so: »Von Friedenau wird behauptet, daß es wie auch gewisse Teile von Steglitz und Lichterfelde, Zufluchtsstätte vieler ehemaliger königlicher Beamter und rentenlos gewordener Rentner alten Schlages sei. Gestalten mit chronisch entrüstetem Gesichtsausdruck über Bärten, die etwas Pensioniertes, etwas vom Restbestand haben, sollen Geheimräte und Kanzleisekretäre sein; es begleiten sie Gattinnen, die oft richtige Federn auf dem Hut haben.«
Trotz des oft kleinbürgerlichen Ambientes in Straßen und Wohnungen siedeln sich vor allem in der Zeit nach dem Ersten Weltkrieg viele Künstler und Literaten in Friedenau an. Sie schätzen die Ruhe bei gleichzeitiger Nähe zur Metropole Berlin, vor allem aber die kostengünstigen Dachateliers mit Blick auf die ständig wachsende Stadtlandschaft.
In der Wilhelmshöher Straße 17–20 entsteht 1909 eine weitere alternative Lebensweise, das Einküchenhaus. In den USA und Kopenhagen schon erprobt und von der Frauenbewegung propagiert, werden nach der Jahrhundertwende auch in Berlin einige Häuser auf privatwirtschaftlicher Grundlage mit einer zentralisierten Hauswirtschaft gebaut. Adressat ist zunächst der »intellektuelle Mittelstand«. Zentrale Küchen und Gemeinschaftseinrichtungen sollen das bürgerliche Leben angenehmer gestalten. Das Friedenauer Einküchenhaus bleibt zwei Jahrzehnte lang in Betrieb. Die im Krieg unzerstört gebliebenen Häuser stehen heute unter Denkmalschutz.

Friedenau
Sportplatz an der Wilhelmshöherstrasse u. Homuthstrasse

Berlin-Friedenau. Einküchenhaus Wilhelmshöher Strasse

# Neues Wohnen

Siedlung Lindenhof

Siedlung Schöneberg Arch. Stadtbaurat Wagner

Wie läßt sich der Bedarf an Wohnungen besser lösen als mit dem herkömmlichen Mietwohnungsbau? Unter dem Stichwort der »humanen Urbanisierung« entwerfen der Schöneberger Stadtbaurat Martin Wagner und der Architekt Bruno Taut die »Lindenhofssiedlung« im Süden Schönebergs an der Grenze zu Tempelhof. Als Genossenschaftsbau unter städtischer Beteiligung entstehen hier zwischen 1918 und 1921 zweigeschossige Reihenhäuser für sozial schwächer gestellte Menschen. Zur Siedlung gehört ein Parkgelände mit zwei natürlichen Teichen, zu den Wohnungen gehören jeweils 80 Quadratmeter große Mietergärten. Durch die gemeinsam genutzten Freiflächen und vor allem durch die politische Verbundenheit – in den Gremien arbeiten vorwiegend Siedlungsgenossen, die auch in SPD und KPD aktiv sind – entsteht ein starkes Zusammengehörigkeitsgefühl innerhalb der Genossenschaft.
Unter dem Druck der zunehmenden Wohnungsnot rückt man beim Bau der Cäciliengärten zwischen der Haupt- und Rubensstraße vom Reihenhauskonzept des Lindenhofs wieder ab. Nach Entwürfen von Baustadtrat Heinrich Lassen baut die Wohnstätten-GmbH in den Jahren von 1924 bis 1928 viergeschossige Mietshäuser, die sich als lange Häuserzeilen um Innenhöfe gruppieren. Die mit Dienstbotenzimmern und Zentralheizung ausgestatteten Wohnungen sprechen vor allem den bürgerlichen Mittelstand an.
Zwischen der Innsbrucker und der Martin-Luther-Straße entsteht 1926/27 eine Blockbebauung im sozialen Wohnungsbau. Mit dem Entwurf werden die Architekten Mebes und Emmerich beauftragt. An der Spitze des dreieckig zulaufenden Grundstücks sticht ein sechsgeschossiges Gebäude hervor und prägt als Hochhaus am Innsbrucker Platz bis heute dessen Gesicht.

# Rathäuser

BERLIN-Schöneberg
Kaiser Wilhelm-Platz mit altem Rathaus

Diele im alten Rathaus in Schöneberg

Der ständig wachsende Arbeitsaufwand für die Gemeinde Schöneberg macht 1892 den Bau eines Rathauses notwendig. Das alte zweigeschossige Amtshaus weicht einem repräsentativen Neubau, dessen Front um die Jahrhundertwende bestimmend für das Stadtbild am Kaiser-Wilhelm-Platz wird. Doch bereits 1910 werden Pläne für einen größeren Bau geschmiedet. Der Raumbedarf wächst mit den neuen städtischen Aufgaben. 1911 legt Oberbürgermeister Alexander Dominicus den Grundstein für den Neubau am Mühlenberg an der heutigen Dominicusstraße. Das Bauland ist bereits in städtischem Besitz, aber der quer durchlaufende Mühlenweg muß eingezogen und durch eine Platzanlage (den heutigen John-F.-Kennedy-Platz) und eine neue Straße ersetzt werden. Dies führt zu langwierigen Prozessen mit den Grundstücksanliegern – eine der letzten Auseinandersetzungen zwischen städtischen Gremien und reichen Grundbesitzern. 1914 ist der eindrucksvolle, nach den Entwürfen der Architekten Peter Jürgensen und Jürgen Bachmann errichtete Bau fertiggestellt. Mehrere große Sitzungssäle und 370 Büroräume stehen hier nun zur Verfügung.
Als Berlin 1948 politisch gespalten wird, kann das Gebäude zusätzlich die Westberliner Verwaltung aufnehmen. Mit der Übergabe der Freiheitsglocke 1950 – ein Geschenk aus Spenden der amerikanischen Bevölkerung – wird das Rathaus Schöneberg zu einem Symbol der Freiheit. Nach Öffnung der Mauer findet 1991 im Rathaus Schöneberg die letzte Senatssitzung statt.
Eine weniger spektakuläre Geschichte und symbolische Bedeutung hat das Rathaus Friedenau. Der von dem Architekten und Gemeindebaurat Hans Altmann entworfene Bau kann im Kriegsjahr 1916 bezogen werden, vier Jahre vor der Eingemeindung Friedenaus nach Groß-Berlin.

BERLIN-FRIEDENAU    Rhein-Straße Ecke Schmargendorfer Straße, Ringstraße u. Hedwigstraße

# Kommunikation

Ab 1902 kann der Postverkehr in Schöneberg über ein neugebautes Hauptpostamt in der Hauptstraße 26/27 abgewickelt werden; es löst die zu kleinen gemieteten Räume in der Herbertstraße ab. Die Verhandlungen mit der Reichspost verlaufen zufriedenstellend für die Stadt Schöneberg. Die kaiserliche Postverwaltung sieht schnell ein, daß die Militärverwaltungen, die Industriebetriebe und die ständig wachsende Bevölkerung in Zukunft den Geschäftsverkehr noch erheblich steigern werden. Ein Heer von Beamten und Unterbeamten – im Innendienst allmählich auch Frauen – bewältigt täglich allein 28 000 ein- und ausgehende Briefe und trägt täglich bis zu siebenmal die Post aus. Das neue Postgebäude wird auf dem Terrain des Gutsbesitzers Hermann Lange errichtet, dessen pompöse Villa dafür abgerissen werden muß. Die vier Geschosse enthalten neben Schalterhallen und Diensträumen auch die Dienstwohnung des Amtsvorstehers und Mietwohnungen für Postangestellte. Eine Wagenhalle, ein Pferdestall und ein großer Garten schließen sich an. Die Backsteinfassade, abgesetzt mit Sandstein, erinnert an die niederdeutsche Renaissance und bildet das architektonische Gegenstück zum neuen Rathaus am Kaiser-Wilhelm-Platz.
Weit über Schöneberg hinaus reicht die Bedeutung des Fernamts 1, das 1929 in der heutigen Winterfeldtstraße 19–23 in Betrieb genommen wird. Es ist die Zentralstelle für die Vermittlung von Telefongesprächen aus ganz Berlin und der Mark Brandenburg und entlastet das bisherige Hauptamt in der Französischen Straße in Berlin-Mitte. An den langen Reihen der Schaltschränke in den großen Sälen sitzen ausschließlich Frauen. Der Beruf der Telefonistin wird zu einem der typischen großstädtischen Frauenberufe. Nur im technischen Dienst werden hier auch Männer beschäftigt.

# Schulen

80. BLN.-SCHÖNEBERG. Wartburgplatz.
Real- u. Gemeindeschulen.

Gruss aus Schöneberg
Hohenzollern-Schule

Um dem enormen Bevölkerungszustrom Rechnung zu tragen, gründet Schöneberg über einen Zeitraum von dreißig Jahren zügig eine Schule nach der anderen. Die neuen Schulbauten sind von vornherein auf Zuwachs ausgerichtet, großzügig in der Anlage und modern in der Ausstattung. Die Gemeindeschule am Wartburgplatz ist eine der ersten, die Brausebäder für ihre Schülerinnen und Schüler erhält. Auch inhaltlich setzt Schöneberg Maßstäbe. Die Hohenzollernschule, die 1900 in der Belziger Straße einzieht, ist als Reform(real)-gymasium für Knaben konzipiert. Erst zwei Jahre vor dem Abitur müssen sich die Schüler für den humanistischen Zweig mit alten Sprachen oder die naturwissenschaftliche Richtung entscheiden. Mit einem Botanischen Pflanzengarten nehmen die heutigen Schöneberger Schülergärten ihren Anfang. Wegweisend ist auch die Chamissoschule. Im Jahr 1900 gegründet, ist sie die erste städtische höhere Schule für Mädchen in Schöneberg, wo es bis dahin ausschließlich private höhere Mädchenschulen gab. 1903 werden Gymnasialklassen eingerichtet, fünf Jahre früher, als es die Mädchenschulreform für ganz Preußen vorschreibt. Internationales Renommee genießt die Kunst- und Gewerbeschule von Albert Reimann im Bayerischen Viertel, in der Landshuter Straße. Über zwanzig Fachrichtungen von der Bildhauerkunst bis zur Schaufensterdekoration werden hier unterrichtet. Ganz Berlin amüsiert sich auf den jährlichen Reimann-Bällen in den Festsälen des Zoologischen Gartens. 1935 ist Albert Reimann gezwungen, seine Schule an einen nicht-jüdischen Nachfolger zu verkaufen. 1936 emigrieren er und seine Frau nach England.

# Frauenbewegung

Besuch der Kronprinzessin im Lette-Verein am 30. April 1914

Um die Jahrhundertwende ziehen zwei Bildungsanstalten nach Schöneberg, deren jahrzehntelanger Einsatz zugunsten von Berufsmöglichkeiten für Frauen als vorbildlich gilt: das Pestalozzi-Fröbel-Haus und der Lette-Verein (heute staatlich anerkannte und finanzierte Fachschulen). Führende Frauen in beiden Einrichtungen stehen innerhalb der bürgerlichen Frauenbewegung im gegenseitigen Austausch.
Im Pestalozzi-Fröbel-Haus hat Henriette Schrader-Breymann, eine Nichte Friedrich Fröbels, die Ausbildung für Kindergärtnerinnen maßgeblich weiterentwickelt. Die Verbindung von theoretischem Lernen und praktischer Erfahrung im hauseigenen Kindergarten oder Hort wird zu einer Besonderheit der Schule. 1898 ermöglicht die Spende einer Frau die Neubauten in der Karl-Schrader- und der Barbarossastraße, in der sich zu dieser Zeit noch ein Kohlen- und Holzlagerplatz befindet. 1908 wird zusätzlich die Soziale Frauenschule zur Ausbildung von Sozialarbeiterinnen gegründet, deren Leitung Alice Salomon übernimmt.
Im Lette-Verein sind es Anna Schepeler-Lette und die ihr nachfolgenden Direktorinnen, die mit bahnbrechenden Ausbildungen für Frauen vor allem in den gewerblichen Bereich vordringen. Hier werden unter anderem Telefonistinnen und Schriftsetzerinnen ausgebildet. Berühmt wird die zu diesem Zeitpunkt einzigartige photographische Lehranstalt. Von seiner Gründung an steht der Verein unter der Protektion der Kronprinzessin Viktoria. Auch ihre Nachfolgerinnen lassen dem Lette-Verein ideelle und finanzielle Unterstützung zukommen. Der Architekt Alfred Messel entwirft die Gebäude, die 1902 am Viktoria-Luise-Platz im neuangelegten Bayerischen Viertel eingeweiht werden.

# Krankenhäuser

1861 – Schöneberg bietet ländliche Ruhe, gute Luft und ist von Berlin aus gut erreichbar – etabliert der Berliner Arzt Dr. Eduard Levinstein in der Hauptstraße 14–16 eine Kur- und Badeanstalt. Schnell entwickelt er das »Maison de Santé« zu einer Einrichtung, in der modernste naturheilkundliche Behandlungsmethoden praktiziert werden. Mit Bade- und Atemtherapie, Heilgymnastik und Diät lassen sich vor allem Lungenkranke hier behandeln. Den (wohlhabenden) Kranken stehen elegant möblierte Balkonzimmer, Gesellschaftsräume und eine schön gestaltete Gartenanlage zur Verfügung. 1866 erweitert Levinstein seine Anstalt um eine Abteilung für »Gemütskranke«. Auch hier versucht man neue Behandlungsmethoden, die auf Zwangsmittel verzichten. In Fachkreisen genießt Levinstein bald internationalen Ruf. Später werden auch Patienten der städtischen Berliner Irrenversorgung aufgenommen, vor allem »gemütskranke« Soldaten des Ersten Weltkriegs. 1919 wird die Einrichtung geschlossen. Die Gebäude des »Maison« zählen heute zu den ältesten noch erhaltenen Häusern Schönebergs.
Bis zur Jahrhundertwende hat Schöneberg kein eigenes städtisches Krankenhaus und schickt seine Kranken in umliegende Orte und nach Berlin. Nach langen Planungen wird im Zeitraum 1903 bis 1910 in mehreren Bauabschnitten das Auguste-Viktoria-Krankenhaus fertiggestellt. Mit insgesamt 600 Betten und einer vorbildlichen Ausstattung gilt das Auguste-Viktoria-Krankenhaus an der Rubensstraße als das modernste im Groß-Berliner Raum.
1913 errichtet die Katholische Kirche neben der St. Norbert Kirche an der heutigen Dominicusstraße ein konfessionelles Krankenhaus. Bis zu seiner Zerstörung 1943 wird es von Dominikanerinnen betreut.

# Hoch- und Untergrundbahn

Als 1896 mit dem Bau der Hochbahn in Kreuzberg begonnen wird, ist die Skepsis der Bevölkerung noch groß. Die Einwände richten sich nicht nur gegen die ersten, als häßlich empfundenen Viadukte, sondern auch gegen die Lärmbelästigung und die Verschlechterung der Lichtverhältnisse. Immer lauter werden die Forderungen nach einer »Unterpflasterbahn«. Die Firma Siemens & Halske läßt sich jedoch zunächst nicht beirren und verhandelt weiter über die Fortführung des westlichen Teils der Hochbahnstrecke Warschauer Brücke–Zoologischer Garten. Zwischen der Gemeinde Schöneberg und der Gesellschaft für elektrische Hoch- und Untergrundbahnen in Berlin wird 1895 über die Errichtung einer Hochbahn ein Vertrag abgeschlossen. 1898 muß er bereits abgeändert werden, da Anwohner und Geschäftsleute des vornehmen Neuen Westens gegen eine oberirdisch verlaufende Bahn protestieren. Die Frage, auf wessen Terrain die Hochbahn mittels einer Übergangsrampe in den Untergrund eintaucht, wird zu einem Streitfall, da im Gebiet um den Nollendorfplatz die Grenzen von Schöneberg, Charlottenburg und Berlin aneinanderstoßen. Schließlich wird die Überführung im Gebiet der Kleiststraße ausgeführt. 1902 werden die ersten Teilstrecken mit den Bahnhöfen Bülowstraße, Nollendorfplatz und Wittenbergplatz nach den Entwürfen renommierter Architekten eröffnet. Zwischen Gleisdreieck und dem Hochbahnhof Nollendorfplatz vermittelt die Strecke architektonisch ein einheitliches Bild. Auf Eigeninitiative läßt die Stadt Schöneberg 1910 die völlig selbständige Linie Nollendorfplatz–Innsbrucker Platz bauen. Eine Bedeutung über die lokale Verkehrsverbindung hinaus erhält sie allerdings erst durch den Anschluß an das Netz der Hochbahngesellschaft. Ihre Fortsetzung nach Steglitz ist geplant, kommt aber nie zur Ausführung.

# Gewerbe und Industrie

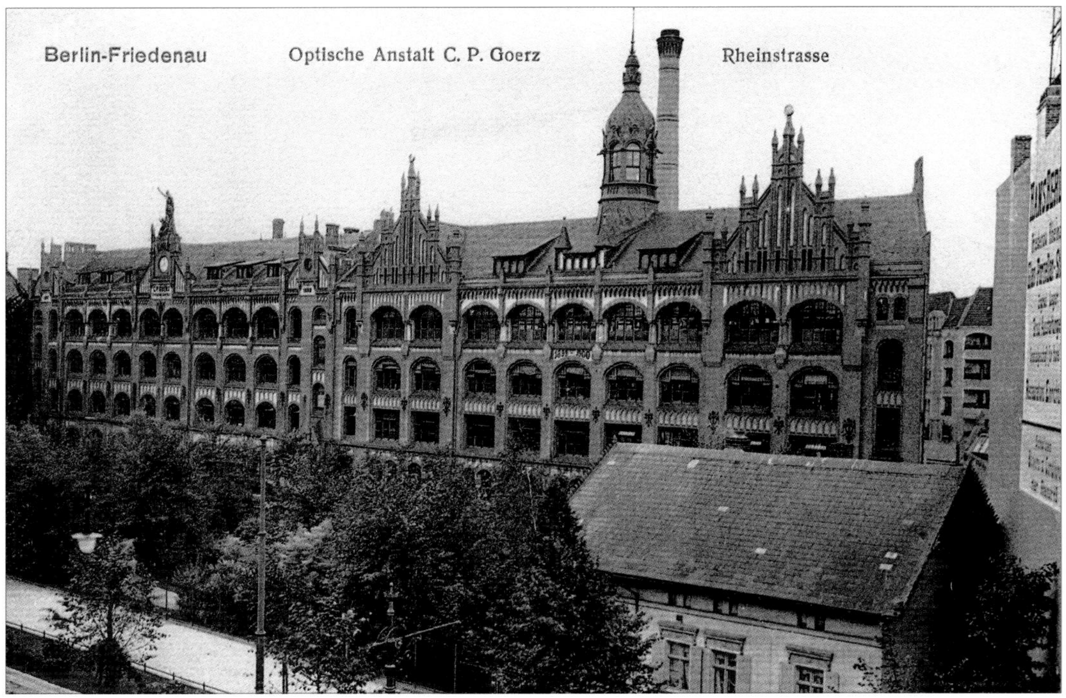

Bis zum Ersten Weltkrieg sind es eher die kleinen Hinterhoffabriken, die für das Gewerbeleben Schönebergs charakteristisch sind. Konfektionsbetriebe für Hüte, Wäsche, Mäntel, nicht zuletzt auch Zulieferer für das Militär sind vor allem in der Haupt- und Potsdamer Straße anzutreffen. Betriebe, die in Berlin keinen Raum mehr finden, um sich zu vergrößern, ziehen in die Vororte Berlins. Zu ihnen gehört die Optische Anstalt von C. P. Goerz, die 1889 nach Schöneberg in die Hauptstraße zieht. Bis 1897 ist der Produktionsumfang so gestiegen, daß die Optische Anstalt in der Friedenauer Rheinstraße 45–46 eigens eine große Fabrikanlage entwerfen läßt. Ihren Aufschwung verdankt die Firma der allgemeinen Aufrüstung für den Krieg: Sie liefert optische Präzisionsinstrumente nicht nur an das deutsche Heer, sondern auch ins Ausland.
Zu den wenigen großen Industriebetrieben in Schöneberg zählt die Gasanstalt, 1871 von dem englischen Unternehmen »Imperial Continental Gas Association« auf dem Brachland zwischen Potsdamer- und Ringbahn errichtet. Der »Riesengasometer«, der 1910 in der Torgauerstraße als einer von vier Gasbehältern in Betrieb genommen wird, gilt bald als ein Wahrzeichen Schönebergs.
Weithin sichtbar sind ab 1903 auch die Schornsteine des »Elektrizitätswerks Südwest« am Tempelhofer Weg. Sie versorgen die Stadt Schöneberg mit eigenem Strom und sollen ihre Attraktivität als Industriestandort erhöhen. Gleich daneben am Sachsendamm betreibt zwischen 1891 und 1910 der Erfinder Hermann Ganswindt einen Produktionsbetrieb mit Versuchs- und Ausstellungsgelände. Seine mit Leidenschaft entwickelten modernen Konstruktionen der Luftfahrt und Antriebstechnik scheitern jedoch an den fehlenden Geldgebern.

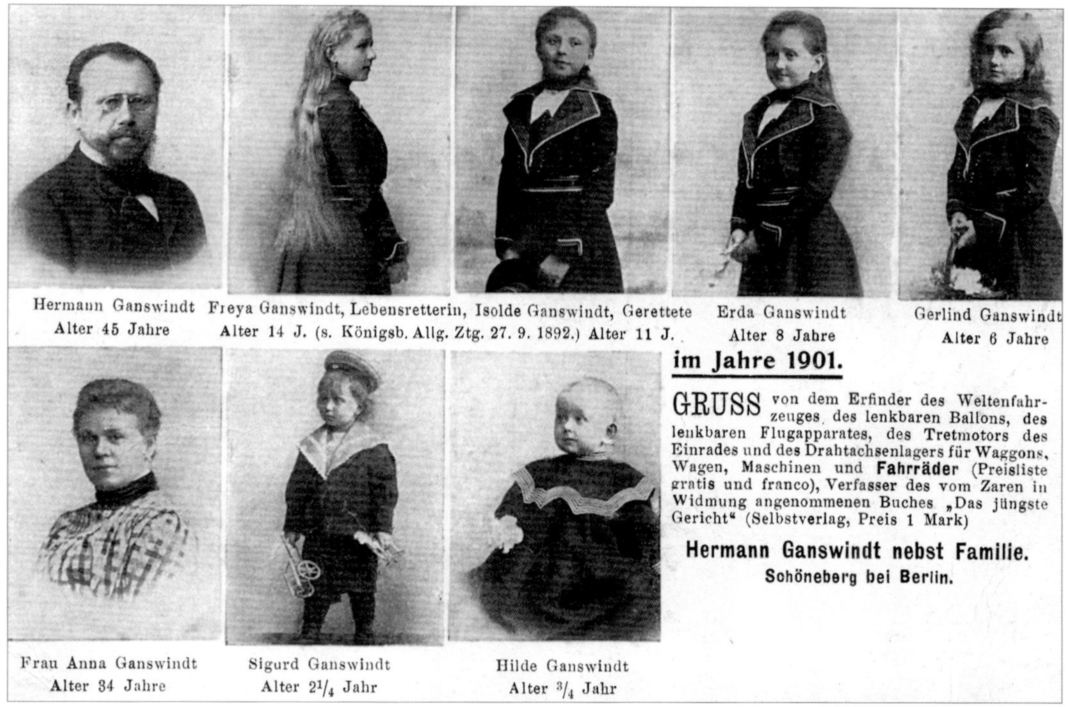

# Handel

Wilhelm Hoos, Sattlermstr.
LAGER
Koffer Taschen u. Lederwaren
W. Hoos.
Sattlermstr. u. Tapezieren
LAGER
Reit Fahr Stallutensilien

Koffer u. Lederwaren
Verbandstoffe
Sämtliche Artikel
zur
Krankenpflege
Laboratorium
Analysen
Wilhelm Hoos Sattlermeister

Selbstverständlich kann man zu Beginn des 19. Jahrhunderts in Schöneberg alles kaufen, was man zum täglichen Leben und darüber hinaus braucht: Wäsche und Kleidung, Geschirr und Möbel, Drogeriewaren und Uhren. Lebensmittelgeschäfte jeder Art, zu denen die Hausfrauen ihre Dienstmädchen mit Einkaufslisten für den jeweiligen Tag schicken, gibt es auch in so ruhigen Wohngegenden wie dem Bayerischen Viertel und Friedenau.
In den Seitenstraßen der Haupt- und Potsdamer Straße findet sich kaum ein Haus ohne ein oder mehrere Geschäfte. Hier kauft die weniger bemittelte Bevölkerung aus den Seitenflügeln und Quergebäuden der Hinterhöfe ein. Der Ehrgeiz so manchen Geschäftsinhabers ist es, den Sprung von der Seitenstraße zu den besseren Geschäften der Potsdamer Straße zu schaffen. Dem Sattlermeister Wilhelm Hoos gelingt dieses Unterfangen. 1913 vertauscht er seinen Kellerladen in der Goebenstraße mit einem hochmodernen Geschäftslokal in der Potsdamer Straße, direkt gegenüber der neugebauten Attraktion, dem Sportpalast. Seine Werkstatt liegt getrennt vom Laden im Hofgebäude, und er selbst präsentiert sich im Anzug an Stelle der Lederschürze.
Tägliches Einkaufen ist wörtlich zu nehmen: Der Samstag ist ein normaler Verkaufstag, und auch am Sonntag sind die Geschäfte für fünf Stunden geöffnet. 1911 machen sich Schöneberger und Berliner Kaufleute mit unterschiedlichen Sonntagsöffnungszeiten Konkurrenz. Einheitlich sind dagegen die Ladenschlußzeiten geregelt. In ganz Preußen gilt ab 1900 der 9-Uhr-Ladenschluß, und 1908 wird es in Berlin und Schöneberg allgemein gutgeheißen, die Geschäfte abends schon um 8 Uhr zu schließen.

# Cafés und Restaurants

Um die Jahrhundertwende werben Restaurants und Cafés gerne mit eigenen Postkarten. Die Nachfrage ist tatsächlich groß, denn was gibt es Schöneres, als vom gemütlichen Beisammensein einen Kartengruß an Freunde und Bekannte zu schicken?
Reich an Einkehrmöglichkeiten ist die Potsdamer Straße, von schlichten Tagescafés bis zu rauchigen Likörstuben. Zwischen Einkäufen und Besorgungen kann man hier gut eine halbe Stunde Pause machen. Die besseren Geschäftsleute aus den neuentstandenen Geschäftshäusern links und rechts der Straße lassen sich in den Restaurants zum Mittagstisch nieder.
Besonders viele Postkarten zeugen von dem vielfältigen öffentlichen Leben am Nollendorfplatz. Hier treffen Berlin und Schöneberg aufeinander, hier mischen sich Wohnen und kulturelles Leben.
Im Wintergarten des Restaurants von Ernst Voges läßt es sich gut vor einem Besuch des Theaters am Nollendorfplatz oder zum feuchtfröhlichen Herrenabend treffen. Drei Häuser weiter, direkt neben dem Schauspielhaus, befindet sich das Café Leon, Stammplatz des Schriftstellers Alexej Tolstoi und anderer Literaten sowie russischer Emigranten. Das Café Woerz am Nollendorfplatz dagegen lockt wie sein Pendant an der Kaisereiche in Friedenau mit Tanztees und Modenschauen. Nicht dahinter zurückstehen möchte das Cafe Lässker in der heutigen Schöneberger Hauptstraße 149, ein paar Schritte entfernt vom Kaiser-Wilhelm-Platz. In orientalischem Ambiente bietet es im Jahre 1905 kleine kalte und warme Gerichte sowie gepflegte Getränke. »Bestellungen auf Aufsätze, Baumkuchen, bunte Schüsseln, Eisspeisen, Torten usw. werden pünktlich ausgeliefert.« Und vor allem: »Jeden Abend gutes Salon-Konzert!«

Café Woerz, Berlin W., am Nollendorfplatz

Gruss aus Conditorei u. Café Lässker, Schöneberg, Hauptstr. 139

Berlin W.,
den
Zander & Labisch, Phot., Berlin 1906
Weinrestaurant im alten Botanischen Garten
Theodor Feilbach, Hof-Restaurateur, Inhaber der Eremitage Französischestr. 21

Liköre
Gruss aus Concert-Park Otto Förste
Berlin W., d. 27. VI. 1905.
Potsdamerstr. 72 a.
Erstes Geschäft
Nollendorf Platz 6.

Grüne Inseln im Häusermeer: Um die Jahrhundertwende gibt es sie noch an der Haupt- und der Potsdamer Straße. 1906 nimmt der »Hofrestaurateur« Theodor Fellbach die Verlegung des alten Botanischen Gartens nach Dahlem zum Anlaß, dessen ehemaliges Winterhaus zu einem vornehmen Weinrestaurant umzubauen. Wo 1905 die Besucher des Concert-Parks Postdamer-/Ecke Pallasstraße auf lauschigen Gartenwegen noch Musik genießen, steht fünf Jahre später der berühmte Sportpalast.

Als 1894 der legendäre »Schwarze Adler« in der Hauptstraße 25/26, dem heutigen Standort von Woolworth, seine Pforten schließt, um Platz zu machen für dreißig Mietshäuser, verliert Schöneberg eines seiner größten Ausflugslokale. Bis zur heutigen Apostel-Paulus-Straße hatte sich zuvor sein 8000 Menschen fassender Garten mit mehreren Veranstaltungssälen erstreckt. Kinderfeste, Tanz, Feuerwerk, Theater, Varieté und Militärkonzerte, sogar Fesselballonaufstiege waren die Attraktion für Besucher aller Schichten. Sehr verkleinert lebt der »Schwarze Adler« an der heutigen Hauptstraße 144 noch einmal auf, mit Restaurant, Festsaal und Garten bis zur Feurigstraße.

Was bleibt, ist der Biergarten der Schloßbrauerei, Hauptstraße 122–124, berühmt für sein Bier, das direkt von der dahinter liegenden Fabrik ausgeschenkt wird. Dieser Traditionsbetrieb ist schon seit 1867 in Schöneberg ansässig und zeitweilig einer der größten Arbeitgeber am Ort. Der 1938 auf einem Teil des Parks gebaute »Prälat«, 1951 durch einen Neubau ersetzt, ist lange ein beliebter Veranstaltungsort, in dessen Sälen auch der jährliche Berliner Filmball stattfand. Seit 1987 stehen seine Räume leer und warten auf neue Nutzungskonzepte.

# Botanischer Garten und Kleistpark

Neben den zahlreichen Gartenlokalen, die über die Grenzen Schönebergs hinaus bekannt werden, zieht der Botanische Garten zwischen Potsdamer- und Grunewaldstraße in Scharen auswärtige Besucher an. Die Hauptattraktion ist das 17 Meter hohe Palmenhaus, 1858 als aufsehenerregender Kolossalbau aus Glas und Stahl mit 14 000 Kubikmetern Rauminhalt errichtet. Sein Bestand an tropischen Pflanzen reicht zum Teil bis zur Zeit des Großen Kurfürsten zurück. Blüht die »Victoria regia«, strömen Naturfreunde zu Hunderten in das benachbarte niedrige Gewächshaus. 1899 wird mit der Verlegung des Botanischen Gartens nach Dahlem begonnen. Dieser Entscheidung sind eine fast zehn Jahre andauernde, sowohl in der Wissenschaft als auch in der Politik und der Öffentlichkeit sehr kontrovers geführte Debatte und eine längere Beratung im preußischen Landtag vorausgegangen. Die Frage, in welchem Umfang das Areal des ehemaligen Botanischen Gartens als Parkanlage erhalten und eine vollständige Bebauung der Grünfläche vermieden werden kann, löst bei den Schöneberger und Berliner Anwohnern großes Interesse aus.
Als die Größe der neuen Parkanlage feststeht, werden 1910 die Königskolonnaden am Eingang des Parks an der Potsdamer Straße errichtet. 1780 von Carl v. Gontard erbaut, 1840 an der Königsbrücke in Berlin aufgestellt, müssen sie dort dem Neubau des Kaufhauses Wertheim weichen. Die umgesetzten Kolonnaden sind als »Vorbereitungsarchitektur« für das geplante Kammergericht an der Westseite des Parks gedacht. 1911 erhält die Grünanlage zum Gedenken an den 100. Todestag des Dichters den Namen Heinrich-v.-Kleist-Park und bleibt im Norden Schönebergs für lange Zeit die einzige grüne Erholungsfläche.

# Stadtpark

Zu den wenigen Flächen, die in Schöneberg bis 1909 nicht bebaut sind, zählt das Große Fenn an der westlichen Grenze zu Wilmersdorf. Der morastige Untergrund der ehemaligen Eiszeitrinne macht alle Bauvorhaben zunichte. 1906 schreibt die Stadt Schöneberg einen allgemeinen Wettbewerb aus. Zur Verbesserung des Wohnumfelds soll hier zur Erholung eine Grünanlage entstehen. Allerdings wird die Ausschreibung mit Auflagen versehen, die bei der erreichten Bevölkerungsdichte von 150 000 nicht mehr zeitgemäß erscheinen: Die Stadtverwaltung will den Schwerpunkt auf das geistige Erleben der Gartenkunst legen, Spielplätze sind ausgeschlossen. Ein Bahnhof der neuen U-Bahn-Linie, die das Fenn oberirdisch durchqueren wird, soll in die Anlage eingebunden werden. Zur Ausführung bestimmt wird der Entwurf von Fritz Encke. Während der westliche Teil eher den Charakter einer Wiesenlandschaft mit hohen Talrändern erhält, wird der östliche Teil in streng geometrischem Stil angelegt. 1912 erhebt sich in einem Springbrunnen der Goldene Hirsch, das Wappenzeichen von Schöneberg.
In den zwanziger Jahren verändert sich die Gartenanlage, um eine möglichst vielseitige Erholungsfunktion für die breite Bevölkerung einzunehmen. Die Rasenanlagen werden als Spiel- und Liegewiesen freigegeben, Spiel- und Sportplätze in die Neugestaltung mit einbezogen. Ab 1926 sorgt der Stadtrat und Oberlehrer Zobel dafür, daß an Vormittagen den Schulen der Park zum Turn- und Gymnastikunterricht zur Verfügung steht. An Sonntagen präsentieren sich die verschiedenen Sportvereine mit Schauturnen und anderen sportlichen Darbietungen.

# Ausstellungsgelände

Die Sommer der Jahre 1906 und 1907 machen Schöneberg zum Schauplatz nationaler Ereignisse: Auf dem noch unbebauten Südgelände östlich der Rubensstraße finden die 20. Wanderausstellung der Deutschen Landwirtschaftsgesellschaft und im Jahr darauf die Armee-, Marine- und Kolonialausstellung statt. Mehrere Hunderttausend Menschen, die die Ausstellungen besuchen wollen, sorgen in Berlin für ausgebuchte Hotels. Schöneberger und Friedenauer Schulklassen werden von ihren Lehrern durch die Ausstellungen geführt. Gezeigt und prämiert werden im Jahre 1906 die besten Zuchtergebnisse bei verschiedenen Tierrassen und die neuesten landwirtschaftlichen Techniken und Geräte. Als das Kaiserpaar die Ausstellung besucht, wird es dort nicht nur vom Landwirtschafts-, sondern auch vom Kriegsminister begrüßt. Kriegerisches steht ganz deutlich im Mittelpunkt der Ausstellung im Jahr 1907. So zeigt die Marinehalle Modelle von Kriegsschiffen, Geschütze und die neuesten Flugapparate und Ballons. Die wirtschaftliche Bedeutung der Kolonien wird durch die ausgestellten Produkte unterstrichen. Eines der wichtigsten ist reines Kupfer aus Deutsch-Südwestafrika, wo zur gleichen Zeit der »Hottentottenaufstand« niedergeschlagen wird. Zahlreiche volkstümliche Veranstaltungen umrahmen beide Ausstellungen. Die Kolonialausstellung, die den ganzen Sommer über zu sehen ist, wirbt mit Kinder-, Volks- und Trachtenfesten sowie einem Vergnügungspark und ist begleitet von Leichtathletikwettkämpfen und militärischen Vorführungen.
Während die Landwirtschaftsausstellung »echt bayerische Kellnerinnen« und eine Musikkapelle »echter Gebirgler« aufzuweisen hat, müssen auf der Kolonialausstellung »echte Wilde« für exotisches Flair sorgen.

# Theater am Nollendorfplatz

1906 wird am Nollendorfplatz das »Neue Schauspielhaus« eröffnet. Das Programm des Theaters, ein stattlicher Bau mit Jugendstilfassade, umfaßt Schauspiele, Volkstheater, Konzerte und Operetten. Es verspricht den erfolgreichen Anfang eines ausgeprägten Bühnenlebens. 1908 wird der Mozartsaal Schauplatz einer heftigen Debatte um jene skandalumwitterten Darbietungen, die unter dem Namen »Schönheitsabende« in die Geschichte des Berliner Vergnügungslebens eingegangen sind. Veranstalter ist der Verein »DIE SCHÖNHEIT. Vereinigung für ideale Kultur«, der in Zusammenhang mit der aufkommenden Freikörperkultur steht. Die beliebten Nackttänze fallen der polizeilichen Zensur zum Opfer und dürfen nur noch privat dargeboten werden.
1927 eröffnet der Regisseur und Theaterleiter Erwin Piscator, von Tilla Durieux finanziell unterstützt, im Theater am Nollendorfplatz die nach ihm benannte Bühne. Seine avantgardistischen Inszenierungen machen ihn zu einem bedeutenden Mann des modernen Theaters. Tollers Politrevue »Hoppla, wir leben!« wird hier 1927 uraufgeführt. 1929 ist das Theater nicht mehr lebensfähig, Piscator übernimmt die Leitung anderer Theater. Nach Piscators wirtschaftlichem Ruin wird aus dem Theater am Nollendorfplatz die Filmbühne »Mozartsaal«. Als im Dezember 1930 der amerikanische Film »Im Westen nichts Neues« nach Remarques gleichnamigen Roman uraufgeführt wird, sprengen protestierende Nationalsozialisten die Vorstellung. Sie lassen Hunderte von weißen Mäusen in das Parkett laufen und werfen Stinkbomben.
Der Zweite Weltkrieg hat das Theater weitgehend zerstört. Nach dem teilweisen Wiederaufbau wird der Bau zunächst als Kino genutzt. Heute gilt das »Metropol« als eine der größten Diskotheken Europas.

Nollendorfplatz. Spiegelung im Asphalt.
(links Nollendorftheater, rechts Ufa-Lichtspiele)

# Eis- und Sportpalast